AF490857

Sefart

Sefart

Sefart

Sefart

Sefart

Sefart

Sefart

Sefart

Sefart

Sefart

Sefart

Sefart

Sefart

Sefart

Sefart

Sefart

Sefart

Sefart

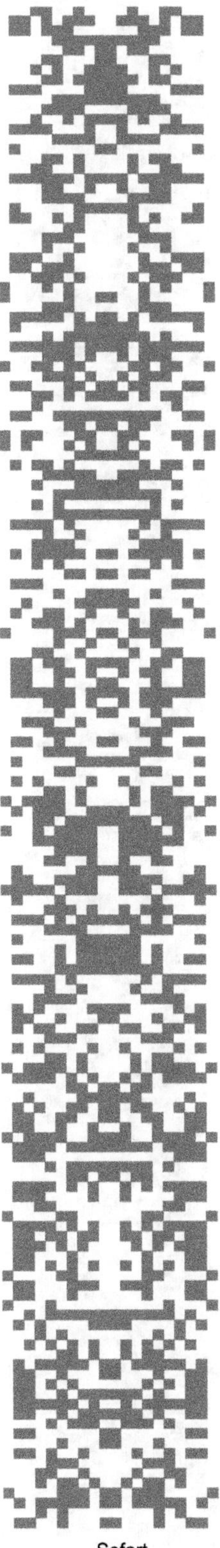

Sefart

Sefart

Sefart

Sefart

Sefart

Sefart

Sefart

Sefart

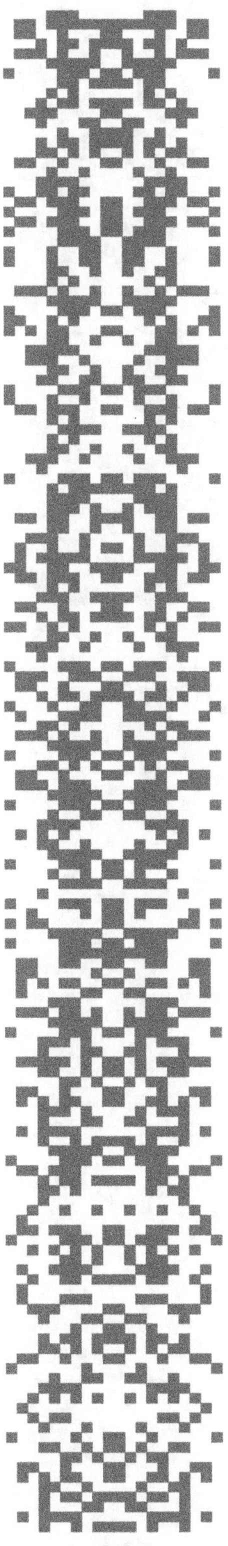

Sefart

Sefart

Sefart

Sefart

Sefart

Sefart

Sefart

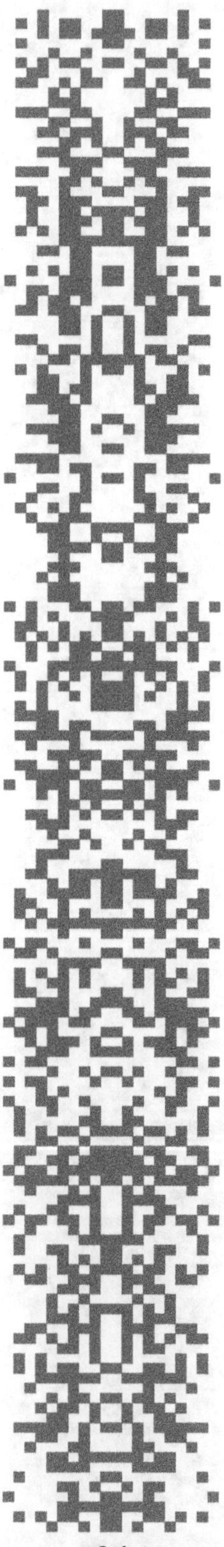

Sefart

Sefart

Sefart

Sefart

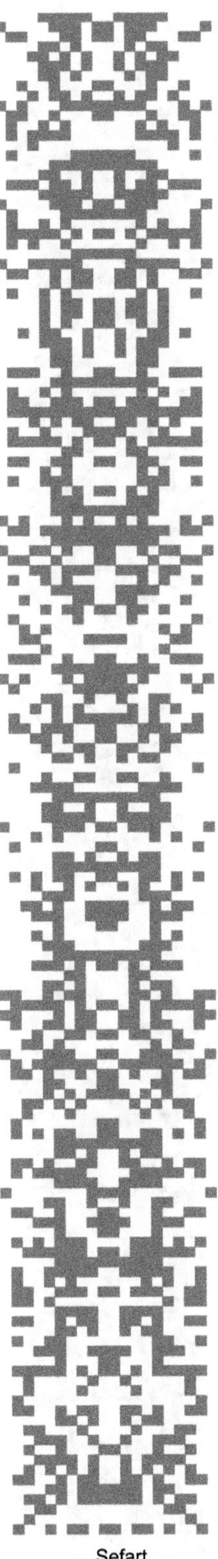

Sefart

Sefart

Sefart

Sefart

Sefart

Sefart

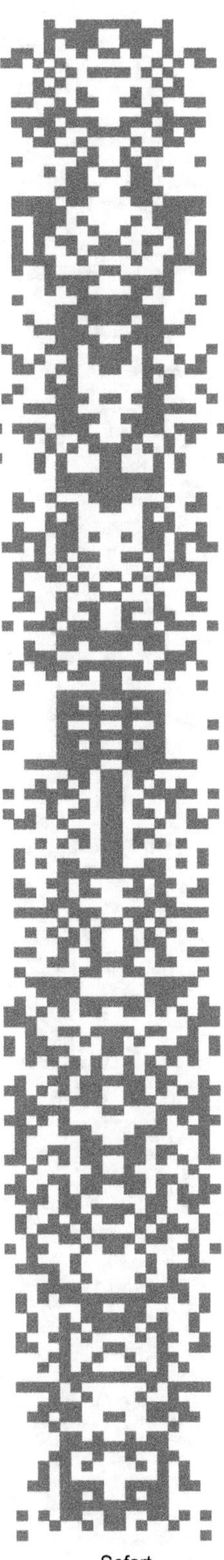

Sefart

Sefart

Sefart

Sefart

Sefart

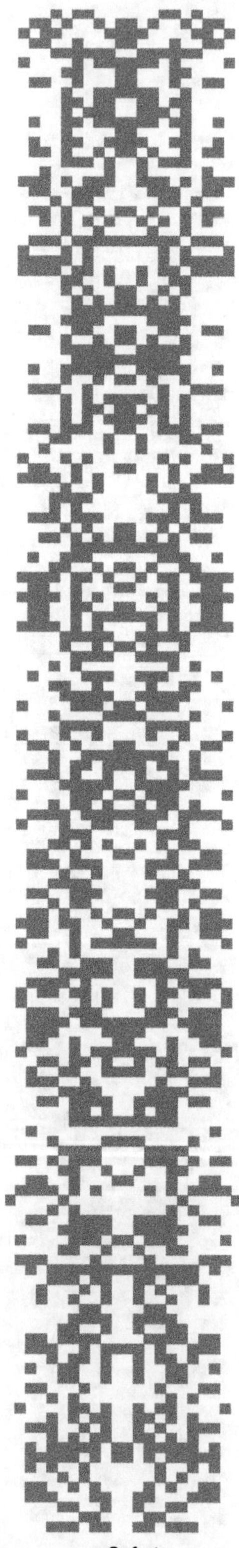

Sefart

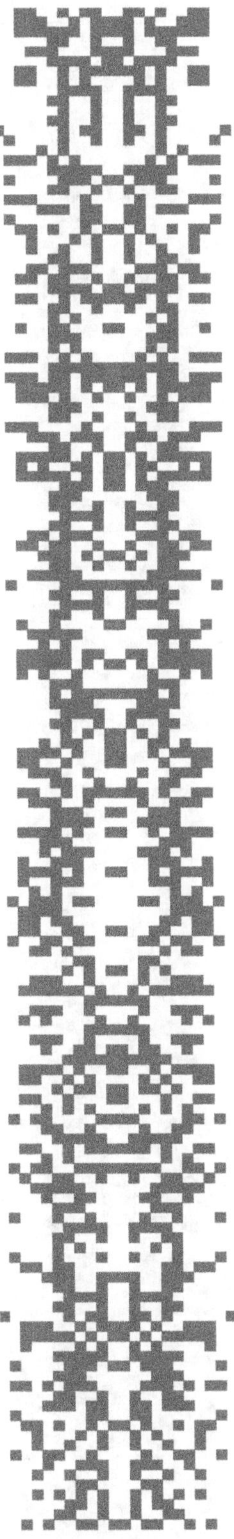

Sefart

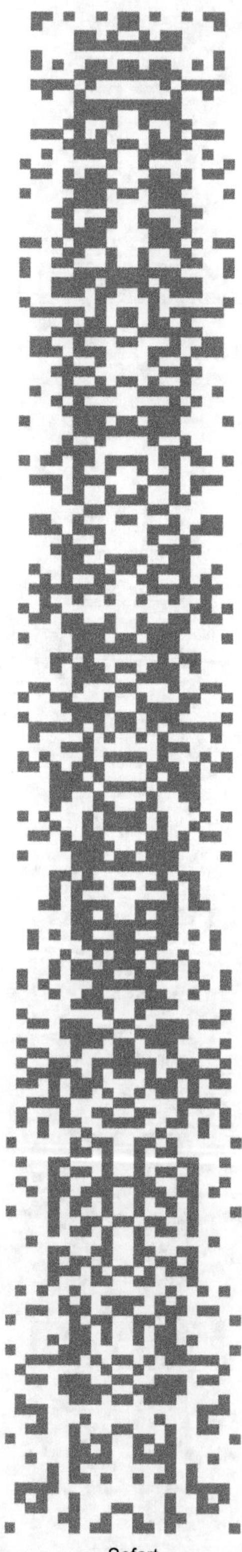

Sefart

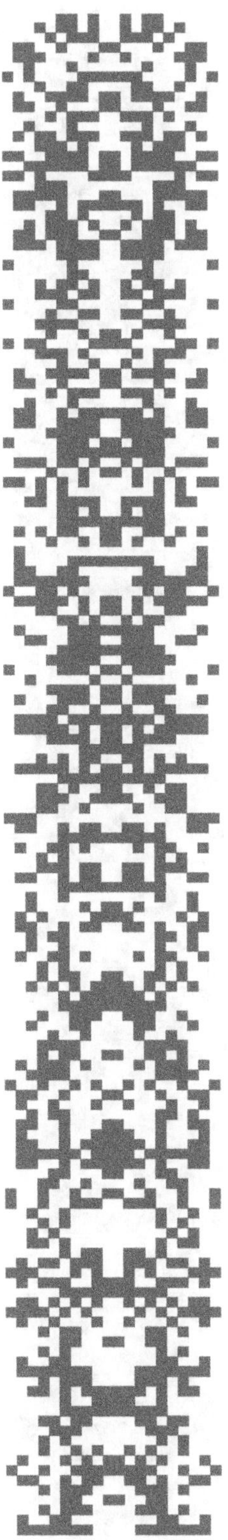

Sefart

Sefart

Sefart

Sefart

Sefart

Sefart

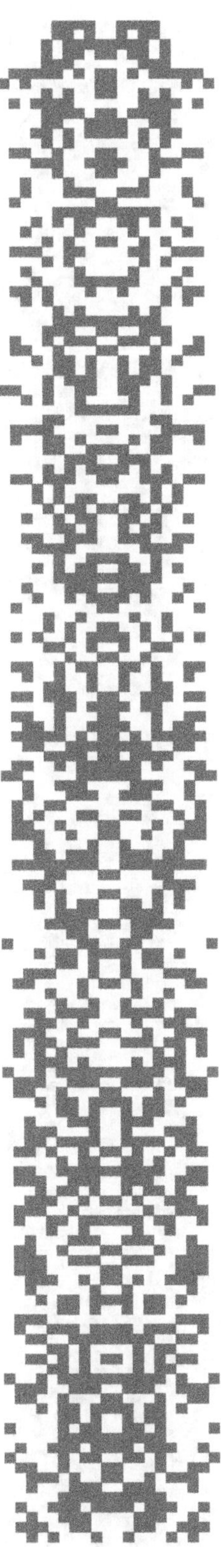

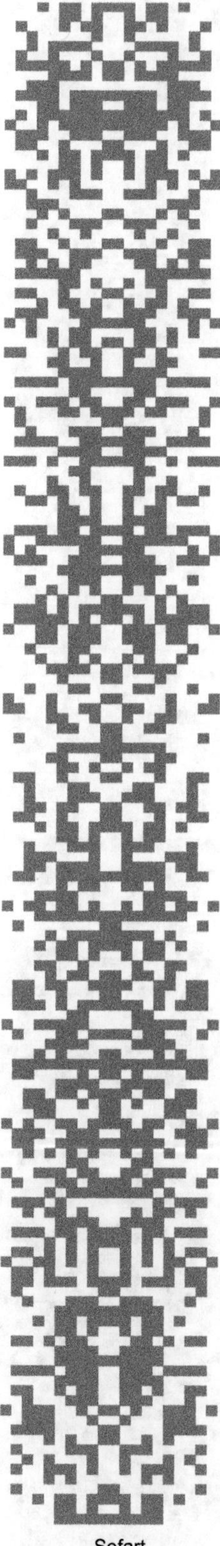

Sefart

Sefart

Sefart

Sefart

Sefart

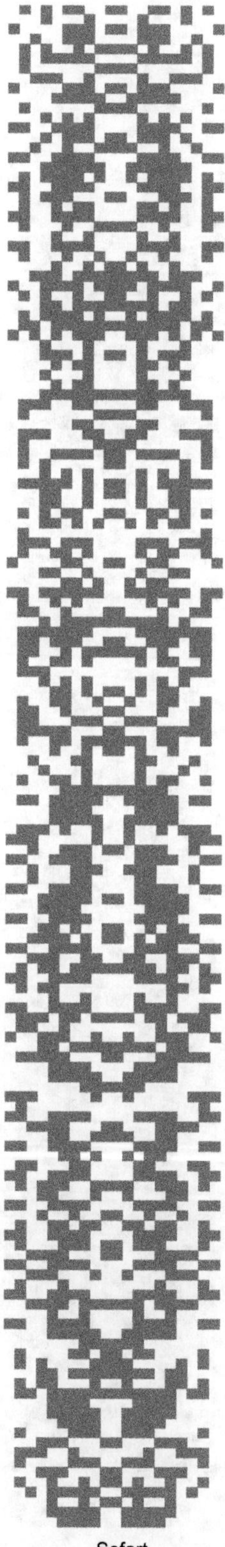

Sefart

Sefart

Sefart

Sefart

Sefart

Sefart

Sefart

Sefart

Sefart

Sefart

Sefart

Sefart

Sefart

Sefart

Sefart

Sefart

Sefart

Sefart

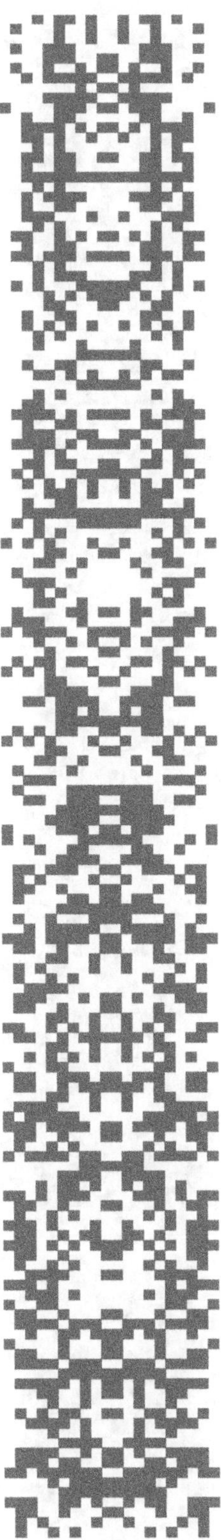

Sefart

Sefart

Sefart

Sefart